A Kalmus Classic Edition

Robert

SCHUMANN

THREE ROMANCES

Opus 28

FOR SOLO PIANO

K 03911

Drei Romanzen
Three Romances   Trois Romances

Graf Heinrich II. Reuß-Köstritz gewidmet

Robert Schumann, Op. 28
(1839)

I

*) Diese Oktaven dürfen nicht gebrochen gespielt werden
These octaves should not be played arpeggio
Ces octaves ne doivent pas être arpégées

p
Ped. Ped. Ped. sim.
ritard.

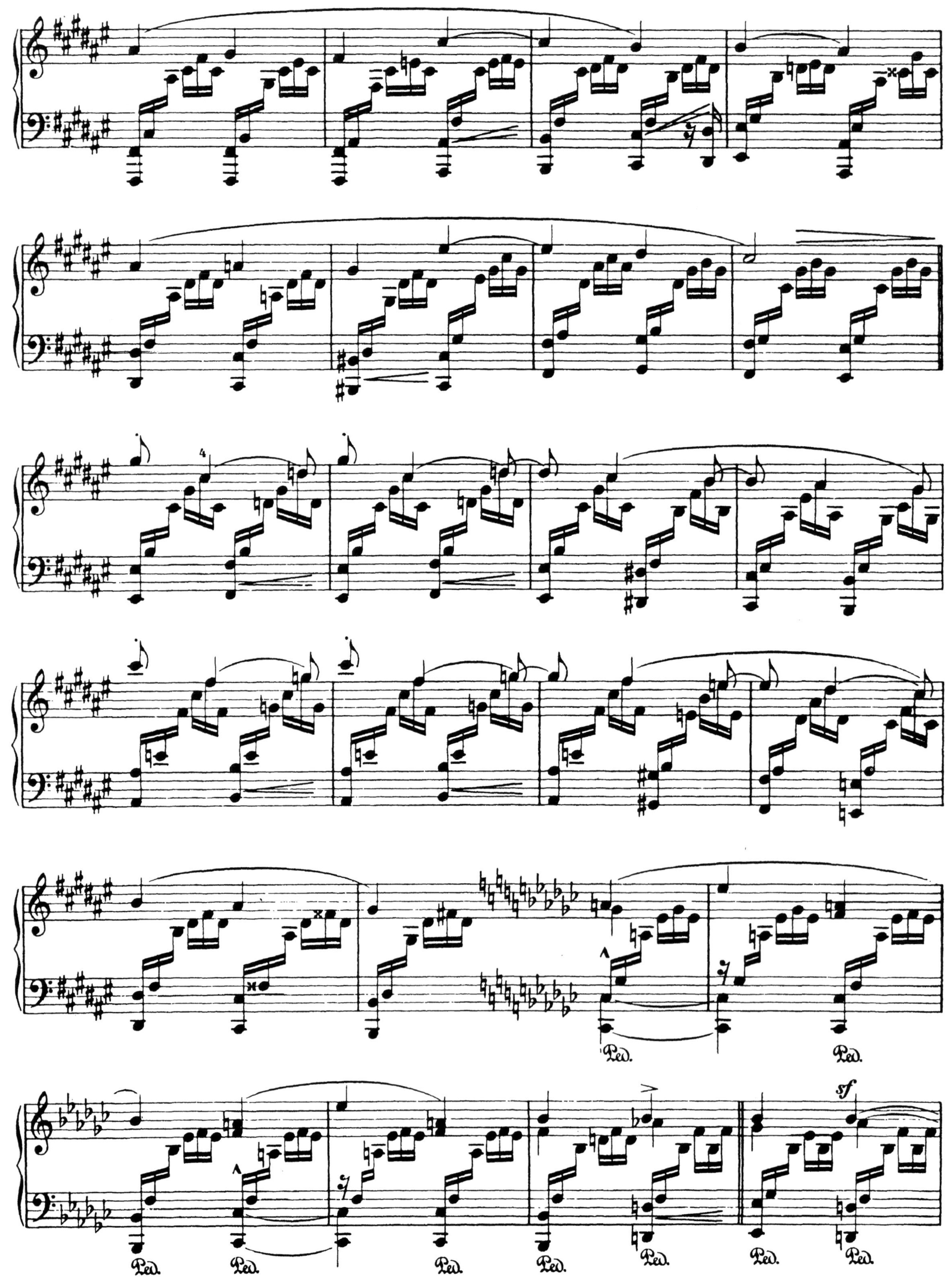
Ped.
Ped.
Ped.
Ped.
Ped.
Ped.
Ped.
Ped.
sf

sf
Ped.
Ped.
f
sf
f
sf

II

Einfach M.M. ♪ = 100
Semplice
Rechte Hand
Right hand
Main droite
p
p
ritard.
(espr.)

*) Hier muß die linke Hand das *a* der Mittelstimme stillschweigend aufnehmen
Here the left hand must silently take over the A of the middle voice
Ici, la main gauche doit prendre en silence le *la* de la partie intermédiaire

III

Sehr markiert M.M. ♩ = 138
Assai marcato
Etwas bewegter
Un poco più mosso

sf
p
sf
Ped.
Ped.
5 5 4 3
5 4 5 4
5
3
2
Ped.
Ped.
5
3
4
2
1
3
2
4
5
3
2
5
3
1
4
2
1
5
3
2
4
2
1
2
Ped.
Ped.
ritard.
(45)
5
p
ad lib.
3
Ped.
Ped.
Ped.
Intermezzo 1
Presto
4 5
2
p
2
1
p
Ped.
5
4
3
1.
2.
1
p
2
1
3
1
5
Ped.
Ped.

12 (166)
Ped. Ped. Ped. Ped. Ped.
Ped. Ped. Ped. Ped. Ped.
sf sf
Ped. Ped.
sf sf sf
sf sf f f p
Ped. Ped.
f f
p
Ped.
p
Ped. Ped. Ped. Ped. Ped. Ped.

Erstes Tempo
Tempo I
ritard.

p
Ped. *
Ped. *
ritard.
Ped.
Ped.
Intermezzo 2
Etwas langsamer
Un poco più lento
(>) (1)
p
Ped.
Ped. *
Ped. *
Ped. *
5 4
Ped.
Ped.
Ped.
Ped. *
Ped. *
Ped.
(>)
(5) (2)
(45)
(p)
mf
Ped. *
Ped.
Ped.
Ped.
ritard.
(mf)
Ped.
Ped.
Ped.
Ped.
Ped.
p
Ped.

Ped.
p
Ped.
Ped.
Ped.
sf
ritard.
Ped.
Ped.
Ped.
Ped.
Wie vorher
Come prima
p
Ped.
p
ritard.
p
Ped.